María Baranda. Mexico City. She has written several books of poetry. Vaso Roto has published *Teoría de las niñas, Sombra y materia,* and *¿A dónde va el sol cuando se acuesta?* Her poetry has been translated into several languages.

Aurelia Cortés Peyron. She is author of *Alguien vivió aquí/ Someone lived here* (Argonáutica, 2018) y *Xicotepec. Años roble* (UAM, 2022) Premio Joaquín Xirau Icaza 2023.

Paul Hoover he is author of fifteen poetry collections, including *O, and Green: New and Selected Poems* (MadHat Press, 2021), *The Book of Unnamed Things* (MadHat Press, 2018) and editor of *Postmodern American Poetry: a Norton Anthology.*

Arcadia

First edition: October, 2025
Original Title: Arcadia

© María Baranda, 2025
© of the Arcadia translation: Paul Hoover and Aurelia Cortés Peyron, 2025
© of the Viper translation: Paul Hoover, 2025
All rights reserved. Published in the United States by Broken Bowl Books

Manufactured in the United States of America
Cover engraving: Víctor Ramírez

Broken Bowl Books
PO BOX 450948
Laredo TX 78045-0023
www.brokenbowlbooks.com

Total or partial reproduction of this work, by any means or process whatsoever, is strictly forbidden without the written authorization of the copyright holders under the sanctions established by the law.

ISBN: ISBN: 978-1-969317-04-0
Library of Congress Control Number: 2025946958

María Baranda
Arcadia

Translated by Paul Hoover and Aurelia Cortés Peyron

Broken Bowl / Books

También romper la tierra tiene la escritura del sueño

José Lezama Lima

Also breaking the earth has the writing of sleep

José Lezama Lima

Índice / *Contents*

10 ARCADIA / *ARCADIA*
    [Yo era tierra]   12
    [I was earth]   13

60 VÍBORA / *VIPER*
    I   62
    II 64
    III 66
    IV 68
    V   70
    VI 72

75 *AFTERWORD TO ARCADIA*

Arcadia

Arcadia

Yo era tierra.
Yo era calle, polvo, casa.
Yo era el padre y el hijo, la hija y la madre y el tiempo,
el lodo y la sombra y su largo camino de madres.
Yo era propia y rodeada como el fuego, veraz y fecunda
                                          [en el olvido.
Yo moría bajo la luz imperceptible de una tarde a finales
                                          [de invierno.

Fui mancha, fui polvo, fui grano de arena e insecto aplastado
                                          [en el vidrio.
Fui azogue, fruición, simulacro, circunstancia y vestigio.
Vestigio y mareo en la nervadura de una frase,
en la fría colocación de la palabra en el texto.
Fui texto.
Fui hembra parida en las palabras del cuerpo.

Cuerpo comprobado y continuo, cuerpo entero y sin saberlo,
cuerpo rodeado de sujeto: hundido. Cuerpo en el ojo: impreso.
Cuerpo sellado al borde del cartílago,
cuerpo de mí,
cuerpo de quién,
cuerpo ciego.
Cuerpo en el descenso del infierno
y en la apócrifa sal del paraíso.

Cuerpo a las tres de la tarde cayéndose de mi cara, máscara usada
en las letras, chorreando capitolina y azarosa. Inmóvil, sí,
en la esquina niña figurada en el verbo
en la sangre corriendo en las afueras de algo,

I was earth.
I was street, dust, home.
I was the father and the son, the daughter and mother and time,
the mud and the shade and its long road of mothers.
I was own and surrounded like fire, truthful, fecund
[in forgetfulness.
I was dying beneath the imperceptible light of an afternoon at
[the end of winter.

I was stain, I was dust, I was a grain of sand and the insect plastered
[to the glass.
I was quicksilver, fruition, simulacrum, circumstance, and vestige.
Vestige and dizziness in the nervation of a phrase,
in the cold placement of the word in the text,
I was text.
I was female given birth by the words of the body.

Body checked and continuous, body whole and without knowing,
body surrounded by subject: sunken. Body in the eye: imprinted.
Body sealed at the edge of cartilage,
body of mine,
body of whom,
blind body.
Body in the descent to hell
and in the apocryphal salt of paradise.

Body at three in the afternoon falling off my face, worn mask
in the syllables dripping, random and capitoline. Immobile, yes,
in the corner: girl figured in the verb
in the running blood at the outskirts of something,

en el principio de algo, en la cima imperfecta del ojo
y el ojo puesto en la mano despierta y reseca, la mano
[que gira
y abre la sorda circunstancia,
la espera de un principio, una fábula sigilosa
en un lugar muy extraño.

Toda la eternidad a las tres de la tarde.
El mundo en un punto fijo, en un minuto exacto,
en la esquina revelada por la luz de los sueños.

Cuerpo de mí,
cuerpo de quién,
partícula abriéndose paso en cada diminuto tablón
de la falda escolar, de la Pléyade y su abertura en el mundo,
en el Sur por el humo, en el Norte dibujada en el rostro
de seres fluviales, metamorfosis simples que pasan
a milímetros de mi yo, asidero y filamento, borde diseminado,
borde mediterráneo, borde en el ojo que arde
y transpira la sal y la carne, la piel diferida en las comisuras
[del texto,
hacia adentro rozando la estructura de trabes y frisos,
uniones mecánicas, ánforas donde siempre aguarda la cercanía
como un punto en la piedad, una gota en la fuente.

Uva de mí, en mi vientre,
un apenas vivir.
Un vivir en los ojos que anuncia su mar, su río
de ciudad interior, lineal y tejida en lo adentro y en la astucia
de ser, de estar en un zócalo de palabras hambrientas.

Vena superior,
almacén de tejidos y glándulas que se agitan
en sus calles y recovecos como una sola matriz solar.

in the beginning of something, at the imperfect summit of the eye
and the eye placed in the hand, dry and awakened, the hand that
[turns
and unlocks the deaf circumstance,
the waiting for a beginning, a stealthy fable
in a very strange place.

All of eternity at three in the afternoon.
The world in a fixed point, at an exact minute,
in the corner revealed by the light of dreams.

Body of mine,
body of whom,
particle making its way through each tiny pleat
of the school skirt, of the Pleiades, and its opening in the world,
in the South because of the smoke, in the North drawn on the face
of river beings, simple metamorphoses that pass a few millimeters
from myself, grasp and thread, scattered edge,
Mediterranean edge, edge in the eye that burns
and sweats salt and flesh, the skin deferred in the corners of the
[text,
inwardly grazing the structure of beams and friezes,
mechanical unions, amphorae where nearness always awaits
like a point in piety, a drop in the fountain.

Grape of mine, in my belly,
barely living.
A living in the eyes that announces its sea, its inner city river
linear and woven on the inside and in the cunning
of being, of being in a main square of hungry words.

Superior vein,
stored tissues and glands that wave
in the streets and nooks and crannies as a single solar matrix.

Todas las avenidas y su blancura de muerte,
su borbollón de semejanzas y diferencias,
de furiosos encuentros sangre a sangre,
verbo a verbo por los huecos de la piel y sus catástrofes.

Vaticinios del sol:
la dura seca tierra de la piel cayendo en sus escamas.
Roncos bramidos de esa tierra que se hunde
mecida por las olas, unas olas distintas.
Falsos ceremoniales.

Inconfesables promesas de un amanecer que no llega,
que no está,
que se disuelve en el aliento de una piedad ya perdida.

Todo se evade:
desde la sangre del árbol detenido
a la mitad del sueño hasta esa pequeña muralla construida
con la paciencia de una hoja, una página distinta
donde la lluvia vino a dejar el canto equivocado,
la palidez de una frase no dicha,
el aliento buscando otra salida.
¿Y él, dónde estaba?

Ciudades que caen de mi boca
como trozos de un mapa inventado.
Sombras que se ocultan tras otras sombras
en lo profano de la piel,
en lo impensable del silencio.
Sentidos descubiertos en la punta de un arpón falso,
de una lanza equivocada,
de un flecha que nunca da en el blanco
y que olvida la ruta,
como el estibador olvida su nuevo frasco de viaje,

All of the avenues and their death-like whiteness,
their whirlpool of similarities and differences,
of furious encounters blood to blood,
verb to verb through the interstices of skin and its catastrophes.

Predictions of the sun:
the hard dry earth of the skin falling into its scales.
Hoarse bellows of that earth that sinks,
cradled by waves, different waves.
False ceremonial.

Shameful promises of a daybreak that never arrives,
that doesn't exist,
that dissolves in the breath of an already lost piety.

Everything escapes:
from the blood of the tree stopped
in the middle of the dream to that small wall constructed
with the patience of a leaf, a different page
where the rain came to leave the wrong song,
the pallor of a phrase never spoken,
the breath searching for another exit.
And he, where was he?

Cities that fall from my mouth
like pieces of an invented map.
Shades that hide themselves behind other shades
in the profane part of the skin,
in the unthinkable part of silence.
Meanings discovered at the tip of a false harpoon,
of the wrong spear,
of an arrow that never hits the target
and forgets the route,
like the stevedore forgets his new bottle for the voyage,

la luz que alguna vez vio cómo se hundía
en la sentencia de un mar distinto.
Rostros anudados junto a la paz de una ventana.
Éxodos en un país que rueda de otra manera,
con el código de una distancia disuelta,
una forma impasible en que se ocultan las sombras,
las otras videncias de lo que no se es
y que no se sostiene
ni en la orilla de una canción olvidada.
Figuras que sonríen en la niebla.
Y un fuerte gemido que se escucha invisible junto a otro abismo.

Fui célula. Parte cardenalicia
que rozan las manos en la ausencia,
el comienzo de quién,
con el peso de un cuerpo nuevo,
un principio de ser, una sed en el ojo
y en el ojo la total circunstancia,
la médula y sus caminos abiertos,
sus miles de formas curvas y rectilíneas
para el derroche de una sangre, el derrame en el hueco,
el hueco y su sin embargo de animal y de cueva,
el dedo en mi sexo, el sexo como sustancia primicia.

Todo el hueco del mar
y sus rugidos de animal voraz,
animal que se mueve y que está detenido en el tiempo,
en las nuevas metamorfosis de una ciudad interior y vestal.
Ciudad que llega a mi lomo, lomo de bestia labial
de bestia con sabor a cielo, a café con leche para el niño
en la mesa del desayuno seco.
Sabor a leche primera, leche derramada
en la escritura y sus lentas letras que avanzan
por la avenida en mi cuerpo,

the light that one day saw him sinking
in the judgement of a different sea.
Faces knotted together next to the peace of a window.
Exoduses in a country that wheels another way,
with the code of a distance dissolved,
an impassible form in which the shadows hide,
the other clairvoyance of what one is not
and what doesn't hold up
not even on the shore of a forgotten song.
Figures that smile in the mist.
And a strong moan that is heard, invisible next to another abyss.

I was a cell. An essential part
that hands rub in the absence,
the beginning of whom,
with the weight of a new body,
a principle of being, a thirst in the eye
and in the eye the complete circumstance,
the bone marrow and its open roads,
its thousands of curved and rectilinear shapes
for the squandering of blood, the spillage in the hollow,
the hollow and its however of animal and cave,
the finger in my sex, the sex as a primal substance.

All the hollows of the sea
and its voracious animal roars,
an animal that moves though stopped in time,
in the new metamorphoses of an inner and vestal city.
City that comes to my back, back of lip beast,
of a beast with the taste of heaven, of coffee with milk for the boy
on the table of a dry breakfast.
Taste of the first milk, milk spilled
in the writing and its slow letters advancing
on the avenue of my body,

cuerpo de quién,
cuerpo ciego
como una cantidad exacta,
un ruido que ruge en su fresca corriente,
en su estrecho obsesionante y fatal
en su ser un simple ferry
que lleva a la gente de una orilla a la otra,
de un sueño que unge nuevos caminos, avances,
hoyos, contrasentidos, cansancios en la fiebre,
sustancias extrañas mentidas acaso por lo no dicho,
lo no escrito, lo no posible.
Toda una vida sin futuro y sin llegar a quién.

Magnitudes minúsculas,
límites impuestos por cargas milenarias
y momentáneas, conclusiones físicas y dolores musculares,
civiles, feroces.
Perros solitarios en calles pobladas de luz y de basura.
Residuos de otras vidas.
Vidas que cargan sus propios miedos,
manchadas y llenas de tabaco,
de sustancias peligrosas, de finas partículas
donde no se vive, no se duerme, no se piensa
si no en la sal en el ojo. El ojo y su circunstancia de vida.
El ojo y lo visto hace tiempo en una ficción ya escrita.

Palabras que significan otras palabras
perdidas en años y años donde se sabe no hay posibilidad
de la última cosa, la última distancia, la primera frontera
del corazón y sus dagas de improviso. Vida sin futuro.
Futuro que apesta como en los residuales de Homero
y su casa nocturna,
su asfalto de risa y su comezón en la piel.
Viñedos que esconden un punto, un resquicio interior,

body of whom,
blind body
like a precise amount,
a sound that roars in its fresh current,
in its obsessional and fatal strait
in its being a simple ferry
that carries people from one shore to another,
from a dream that anoints new roads, progress,
holes, contradictions, tiredness from fever,
strange substances, perhaps lies from what's not said,
the unwritten, the impossible.
A whole life without future, never arriving to whom.

Minuscule magnitudes,
limits imposed by ancient and momentary burdens,
physical conclusions and muscular pain,
civil, ferocious.
Solitary dogs in the streets inhabited by light and garbage.
Remnants of other lives.
Lives that carry their own fears,
stained and full of tobacco,
of dangerous substances and fine particles
where no one lives, sleeps, thinks,
if not in the salt on the eye. The eye and its life circumstances.
The eye and what was seen long ago in a fiction already written.

Words that mean other words,
lost in years and years without any known possibility
of a last thing, a final distance, a first frontier
of the heart and its sudden daggers. Life without a future.
Future that stinks like the leavings of Homer
and his night house,
its laughter asphalt and itching skin.
Vineyards that hide a spot, an inner crack,

quizás una pausa
en el aire, en la serenidad que se busca
para narrar otro tiempo,
un tiempo mejor. Viento en el Sur.
Epidemia de eses sibilantes que surgen
de las venas cardenalicias, de las temperaturas fluviales
donde un mar arde en la garganta de quién.

Bordes y límites en las bocas.
Huecos donde no se consagra el anhelo y
su circunstancia,
su afinado sonido de campana, su peste de eternidad
y su terror en los niños. Niños cuidados por mí
en mis manos abiertas como sustitución de la dicha.
Descomposturas de la cal y sus anillos de oro,
su frágil compromiso de torrente.
Su haber vivido veinte o treinta años
con el mismo plato, el mismo vaso interior.

Madrugadas infieles al sueño,
al primer despertar donde se recorta un rosal
y se clama una vida llena de hijos, hijos en los vocablos,
hijos de noche y de día que detienen nuevas banderas,
regiones impresas en el primer deseo y en el último,
el que vivimos siempre junto a la luz de lo incierto.
Hordas piramidales.
Advenimientos de lo que no está o no podrá suceder,
como las elegías de Tibulo,
como el festín de Próspero en su isla de muerte.
Marcos referenciales,
teorías de una luz interior y sedante,
una hoguera del mundo y sus novelas,
historias contadas en otras caras,
unas caras extrañas,

perhaps a pause
in the air, in the serenity one seeks
to narrate another time,
a better time. Wind in the South.
Epidemic of sibilant esses that arise
from the essential veins, from those riverine temperatures
where the sea burns in the throat of whom?

Borders and boundaries in our mouths.
Hollows where the longing and its circumstance are not
enshrined,
their fine-tuned sound of the bell, their plague of eternity,
and their terror for the children. Children in my care,
my open hands like a substitute for bliss.
Decompositions of lime and its gold rings,
its fragile commitment like a torrent.
Its having lived twenty or thirty years
with the same plate, the same inner glass.

Early mornings unfaithful to sleep,
to the first waking where a rose bush is trimmed
and a life full of children is proclaimed, children in the words,
children of night and day that halt new flags
regions imprinted in the first desire and the last,
the one we always live next to the light of uncertainty.
Pyramid-like hordes.
Advent of what is not there or cannot happen,
like the elegies of Tibullus,
like the feast of Prospero on the island of death.
Reference frameworks,
theories of an inner, sedative light,
a bonfire of the world and its novels,
stories told out of other faces,
strange faces,

unas caras que no conoceremos,
maquilladas por sótanos y rezos que consagran
y detienen el grito y su pulmón aledaño,
el aullido del Mármara y su futuro glorioso,
su no llegar a la isla de enfrente,
a la ciudad más vieja del mundo,
al continente detenido en la uva
y su descendencia de espejo.
Su no poder nombrar otra página
o escribir un cuento mejor,
un poema como clave del mundo.
Mundo en el grito,
en la más atroz desesperación,
con su nombre de amor
demorado en el cuerpo como si fuera un cielo inferior.

Detonaciones.
Suaves mugidos del campo y sus estrellas de cobre,
su gallo que canta en la imperfección,
en la madrugada asestada de cosas no vistas,
no dichas, no soñadas,
sólo sentidas o presentidas
por un instinto suave e incomprensible,
un querer ser bacteria, principio,
animal en el animal de este mundo.

Falsos cordajes. Cuerpos enlazados en sitios
donde la lluvia resplandece en la nostalgia,
en el brocal de secas batallas. Desprendimientos.
Amuletos en los cuellos de una tempestad escrita
como una música callada,
la partitura inconstante de un pájaro abierto
y mínimo que pondera la suavidad del aire,
la lenta aparición de una sed de mañana.

faces that we won't know,
made up by basements and prayers that consecrate
and stop the cry and its nearby lung,
the howl of the Marmara and its glorious future,
its not arriving at the opposite island,
at the oldest city in the world,
at the continent stopped in the grape
and its descendants in the mirror.
Its being unable to name another page
or write a better story,
a poem as a key to the world.
A world in the cry,
in the most atrocious desperation,
with its name of love
delayed in the body as if it were a lower heaven.

Detonations.
Soft moaning of the field and its copper stars,
its rooster imperfectly crowing
in the dawn wounded by things unseen,
unspoken, undreamt of,
only felt or sensed
by a soft and incomprehensible instinct,
a desire to be bacteria, beginning,
animal within the animal of this world.

False bonds. Bodies bound in places
where the rain shines in nostalgia,
at the edge of dry battles. Things falling apart.
Amulets on the necks of a tempest written
like a silent music,
the inconstant score of an open
and minute bird that ponders the smoothness of air,
the slow emergence of a morning thirst.

Reclamos en los pies a la sed
y sus finos trazos en la arena,
en el exilio de unas letras convocadas
y el oscuro corazón que resucita a los truenos.

Nudos junto a los barcos de otros callamientos,
despidiéndose en muelles improvistos de madera dolorosa,
cerca de un Martín Fierro que toca otros cerros,
que cruza con su manto la fiesta descapotada de los usos
o la paciencia reverberante de quien se asoma a un coto.
Sonrisas que murmuran el gruñido del lobo junto a la puerta.
Laceraciones.
Tiempo de una piel dentro de otra piel escrita.

Dudas en el último comité de la noche y sus blancas
                                                [expiaciones.
Colinas lentas donde las moscas devanan
la desesperación
de un primer relato, un momento en el principio
de las cosas,
de los yerbajos que anima la lluvia solamente para ungir
la máscara,
la faz de una tierra sembrada donde nadie encontró
la promesa,
el hambre de un río sin escrúpulos que al paso
de sus aguas
desató las vendas.
Guardias cifrados en la frecuencia de lo no dicho,
lo no escrito, lo que produce un resquemor de viento
en el rumor del fuego. Ráfagas sumergidas entre la cal
y el salitre indeterminado, sobrepuesto a una historia
desvanecida y menos audaz que el olvido.
¿Quién canta?

Complaints of thirst in the feet
and its fine traces in sand,
in the exile of some summoned letters
and the dark heart that resuscitates thunder.

Knots gathered near other silencing boats,
saying goodbye in improvised piers of sorrowful wood,
near a Martin Fierro who touches other hills,
who crosses with his robe the uncloaked party of customs
or the reverberating patience of someone gazing at a reserve.
Smiles that grunt at the growl of the wolf at the door.
Lacerations.
Time of a skin within another written skin.

Questions at the last committee of the night and its white
                                                         [atonement.
Slow hills where flies wind
the desperation
of a first story, a moment in the beginning
of things,
of the weeds that the rain animates only to anoint
the mask,
the face of a planted field where no one found
the promise,
the hunger of a river with no scruples
that untied the bandages
by flowing.
Guards encrypted in the frequency of the unspoken,
the unwritten, that which produces a resentment of wind
in the humming of fire. Submerged bursts between lime
and something like saltpeter, overlapping a story
faded and less audacious than oblivion.
Who sings?

Toda mi boca abierta a una carta que no llega,
una palabra anónima que resuelva el avance
del recuerdo,
la parte circunstancial de una célula.
Vastas exploraciones de un microscopio.
Lo visto: pequeñas arborescencias en la piel. Fisiologías.
Estertores para dormir en el futuro,
donde no hay nada ni nadie,
en un tiempo inexistente,
una nueva fundación de la carne,
un camino desierto en una ciudad diferente.
Trazos de mundo, mundo en los bolsillos de la tarde.
Tardes que caen de la mano,
pétreas.

Fábulas en un sol de exilio.
Tribulaciones para la voz del público.
El mar, ahora, es una lanza de miedo.
El miedo y sus uñas de profecía,
sus lentos rasguños que hunden todo el dolor
en un domingo en el campo.
Secas planicies.
Casas desaparecidas en una vegetación imposible,
lejos de la lepra y de los desprendimientos del sueño.

Visitaciones de la infancia en ruinas,
en la apostasía que aún tortura la calma de quien viaja.

Vírgenes en la llanura proscrita,
en las finas ligaduras de un misterio
que está en la linterna de un niño
como si fuera un tiempo inmóvil,
un largo trazo de luz incierta.

My mouth wide open to a letter that doesn't arrive,
an anonymous word able to solve the memory moving forward,
the chance part of a cell.
Vast explorations of a microscope.
What is seen: small arborescences on the skin.
Physiologies.
Death rattles to sleep in the future,
where there is nothing and no one,
in a nonexistent time,
a new foundation of flesh,
a deserted road in a different city.
Strokes of the world, world in the pockets of the afternoon.
Afternoons that fall from the hand,
stone-like.

Fables under an exiled sun.
Tribulations for the voice of the audience.
The sea, now, is a lance of fear.
Fear and its prophetic nails,
its slow scratching that submerges all the pain
in a Sunday on the field.
Dry plains.
Disappeared houses in an impossible vegetation,
far from leprosy and the detachments of dream.

Visitations of a childhood in ruins,
in an apostasy that still tortures the calm of the traveler.

Virgins on an outlawed plain,
in the fine ligatures of a mystery
that is in the flashlight of a child
as if it were a time immobile,
a long stroke of uncertain light.

Hogares que no tienen nombre,
que guardan en el blanco sudor de un pañuelo
la barda de la miseria y el llanto,
la posibilidad de encubrir un beso.
Un beso y su paso de miedo.
Un beso y su andar taciturno en un hotel derruido en un cuento.

Miel en los pozos,
cielos feroces suspendidos en las dunas del piso.
Formas donde la niebla unge
la nueva atmósfera bajo otras palmas,
resquemores de un trópico desconocido
entre esas peñas irresistibles,
piedras de artificio dedicadas
a hundir las manos más íntimas,
las alas más precoces
cuando levante el viento.

Todo el mundo detenido en la esquina de mis trece años,
de mi nuevo mundo escrito por mi piel.
Boca abierta a los tantos gritos interiores,
al nuevo magma que me recorre
desde entonces como una letra negra que avanza sorda
y puntual y verdadera. Todo el mundo en la esquina
de Insurgentes y Revolución, a miles de años en miles de vidas,
de momentos sutiles e íntimos, de tiempo guardado en las venas,
en las venas donde fluye la luz
como la esencia verbal de las cosas,
la materia del brazo,
la materia del sueño
y la mesa y la silla que siempre me aguardan,
como se espera una ciudad vestal. Una ciudad escrita
por mí y por mí vivida,
una ciudad es un fruto que estalla

Households without names,
that hold in the white sweat of a handkerchief
the fence of misery and crying,
the possibility of concealing a kiss.
A kiss and its path of fear.
A kiss and its taciturn walk in a ruined hotel in a story.

Honey in the wells,
fierce skies suspended in the dunes of the floor.
Shapes where the fog anoints
the new atmosphere under other trees,
resentments of an unknown tropic
among those irresistible peaks,
artful stones dedicated
to sink the most intimate hands,
the most precocious wings
when the wind lifts.

All the world stopped at the corner of my thirteen years,
of the new world written by my skin.
Mouth open to so many internal cries,
to the new magma that runs through me
since that time like a black letter that advances, deaf
and punctual and true. All the world on the corner
of Insurgentes and Revolución, thousands of years and lives away,
of moments subtle and intimate, of time kept in the veins,
in the veins where the light flows
like the verbal essence of things,
the matter of the arm,
the matter of the dream
and the table and the chair that always wait for me,
as a vestal city is awaited. A city written
for me and lived by me,
a city is a fruit that explodes

como un sol desesperado,
un sol veloz en mi pecho adentro de mi corazón.
Todo en la punta de mi lengua
en la punta de la mirada
del filo que se ve y determina una forma de vida
un estar interior,
lo más último de las cosas y su perfil de gallo en el alma.

Me fue dada la piel. Cúpulas abiertas a otras superficies.
Sonidos de pájaros extraviados con las alas cerradas,
con la luz de una llama posible y su rosario de verbos.
Húmedos trenes en un exilio previsto,
entre sábanas tendidas en los verdes desposorios
de una iguana con la lluvia. Colores que petrifican
los gritos en distintas lejanías, en la vibración de una palabra
caída como si fuera la nueva clave, el nuevo código del conjuro.

Salutaciones. Piel en mis ojos y en mi boca.
Días sin sombra sobre los días de sombra.

Nuevos atardeceres adentro de la lengua
donde un mar devuelve su alfabeto de soles,
sus otros poemas anulados en la primera sal,
en la espuma teñida de falsas temperaturas.
Nada se encausa,
sólo el movimiento del ojo y la cuña que exalta su alma.

Cámaras en el cielo.
Vistas ocultas que descubren el reverso de la historia,
el recuento de lo que fue o de lo que pudo haber sido.
Siluetas desmanteladas sobre una mesa mal pulida,
rayada por la vacuidad del alba.
Comidas apacibles en calles venturosas
donde una letra avanza y destila otros ordenamientos,

like a desperate sun,
a speeding sun in my chest and within my heart.
All at the tip of my tongue
at the tip of the look
of the edge that is seen and determines a form of life,
a being inside,
the very last of things and their profile of a rooster in the soul.

I was given my skin. Domes that open to other surfaces.
Sounds of stray birds with their wings closed,
with the light of a possible flame and its rosary of verbs.
Wet trains in a planned exile,
among sheets hung up at the green marriage
of an iguana with rain. Colors that petrify
the cries in different distances, in the vibration of a fallen word
as if it were the new key, the new password for incantation.

Salutations. Skin in my eyes and in my mouth.
Days without shadow over shadow days.

New sunsets inside the tongue
where a sea returns its alphabet of suns,
its other poems cancelled in the first salt,
in the foam dyed with false temperatures.
Nothing is indicted,
only the movement of the eye and the wedge that exalts its soul.

Cameras in the sky.
Hidden views that discover the reverse of history,
the recounting of what was and what could have been.
Silhouettes dismantled on a poorly polished table,
scratched by the emptiness of the dawn.
Pleasant meals on fortunate streets
where a letter moves and distills other laws,

el frío mito de una extranjera en Tierra Santa
con el relincho del azúcar en su fina blusa bordada.
Pequeños alfileres en sus tetas,
en el brillo que emigró de los ojos a la pista de baile
con la risa de un corazón saliente.

¿Quién estaba?
La madre con su fuerza de mar soplando ante la brasa,
la hija y su negra boca que partía en dos el alarido
de la víctima y su próxima desgracia,
la mujer condenada, dormida en el fulgor de otra plegaria
y el dios caído en su silla con su tea de resina y su
[latido
abandonado en la discordia del plato. Inenarrable.
Sucias nostalgias dispersas en una tierra distinta
donde la puerta se cerró a las tres de la tarde.
Pero él ¿a quién miraba?
Paisajes secretos envueltos en un roce de lima,
un cuerpo inquietante que pedía de súbito
las alas del cuervo
y la frágil sustancia para la vanidad de otras magias.

Jinetes en la estepa. Ladrillos crudos.
Pasan los días entre la confusión y el éxodo.
El sol ilustra a un dios desesperado,
una nueva forma de opinión sobre el arte en el tufo de la hierba.
Brazos en lineamiento, relámpagos que habitan
el íntimo sopor de un nervio.
Absorciones que relajan la presión ventricular
y la proximidad del silencio.

Un perro ladra junto a un cangrejo que tiene una vieja herida.
La medicina avanza, el cuerpo retrocede.
Lo que es piedad, es una imagen del sentido,

the cold myth of a foreign woman in the Holy Land,
with the whinnying of sugar on her fine embroidered blouse.
Small pins on her tits,
in the brightness that migrated from her eyes to the dance floor
with the laughter of an outgoing heart.

Who was there?
The mother with the strength of a sea blowing toward the ember,
the daughter and her black mouth that split the scream
of the victim and her coming disgrace in two,
the condemned woman asleep in the glare of another prayer
and the god fallen over its chair with its resin-soaked torch and its
                                                                           [heartbeat
abandoned in the discord of the dish. Unutterable.
Dirty nostalgia scattered in a different land
where the door was closed at three in the afternoon.
But who was he looking at?
Secret landscapes wrapped in a brush of citrus,
a disturbing body that suddenly called for
the wings of a crow
and the fragile substance for the vanity of other magic.

Riders on the steppe. Raw bricks.
Days go by between confusion and exodus.
The sun illustrates a despairing god,
in the stench of the grass, a new form of opinion about art.
Arms fulfilling the lines, lightning that inhabits the intimate
dullness of a nerve.
Absorptions that relax ventricular pressure
and the proximity of silence.

A dog barks next to a crab that has an old wound.
Medicine advances, the body regresses.
What piety is, it is an image of sense,

un puerto desorientado por el clima,
un folleto de líneas intraducibles
donde el huésped aloja su paz con una seña secreta.
El perro se retira, muere el cangrejo.
Fríos desbocamientos de la piel y su apertura,
iones que se filtran en la región del sueño
hasta tocar las células cardenalicias
pintadas en un Atlas de azul y de amarillo.
¿Quién habla?

Queda la boca abierta.
El cuerpo deja el cuerpo hasta ganar altura.
Calles de papel en el ruido de los loros.
Simples conversaciones
que asordan la capacidad cardiaca,
el fracaso de una transfusión
como una carta que arde en el recuerdo.
Líneas extinguidas para los ojos cerrados,
costras donde los niños fueron la otra parte de la noche,
el exilio anterior en la sutura del cuerpo. Todo fulgura.
Su nombre dice que su mano está detrás de la victoria,
de esa falsa lejanía que aún cruje como un sollozo
de la edad,
de su orgullo de dios arrasado en un relincho de la carne,
un breve momento para otras situaciones.
Quimeras en las hojas del verano,
en la parte apócrifa acostumbrada a lo habitual,
a sacudir la mugre en los resquicios de la uña,
en el recuerdo de un paladar
que casi lame los cincuenta años,
los cincuenta pasos que se doblan
junto a un corazón encantado,
un respirar la forma de nuevos advenimientos,
cicatrices tatuadas en un viejo nopal.

a port disoriented by climate,
a brochure of untranslatable lines
where the guest holds its peace with a nod, secret.
The dog leaves, the crab dies.
Cold river mouths of skin and its opening,
ions that seep into the regions of sleep
before touching the cardinal cells
painted on an Atlas of blue and yellow.
Who speaks?

The mouth remains open.
The body leaves the body to gain altitude.
Streets of paper in the screeching of parrots.
Simple conversations
that deafen your cardiac capacity
a transfusion gone wrong
like a letter burning in the memory.
Lines extinguished for closed eyes,
scabs where the children were the other part of the night,
the previous exile in the body's suture. Everything gleams.
His name says that his hand is behind victory,
that false distance that still creaks like a sobbing
of age,
of his god's pride ravaged in a whinnying of flesh,
a brief moment for other definitions.
Chimeras in the leaves of summer,
in the apocryphal part accustomed to the usual,
to shaking off the dirt from the cracks of the nail
in the memory of a palate,
that almost licks the fifty years,
the fifty steps that fold
near a charmed heart
breathing in the shape of new advents,
scars tattooed on an old nopal.

Ahora, cuando los ojos están llenos de miedo
y el humo dispersa a los pájaros del aire,
el aliento es cada vez más cercano a la tierra,
con el peso de una obra incompleta
desaprobada por las fábulas de otro lugar.

Insecto aplastado en el vidrio, en la configuración del ser
y sus recuerdos.
Tristes noticias. El viento del Sur ruge en el Norte.
Crustáceos en la punta de la lengua.
Mares remotos que ungen su espuma en nuevas biografías.
Situaciones donde la piel se incrusta
en la concha de un bivalvo
hasta cambiar el suave sermón de sus sílabas.
Fue en primavera.
Las hojas apreciaban la tierra con un lenguaje preciso.
Todo era menos denso cuando la voz,
con su oferta de cal y miedo, se hacia más espesa.
Se vencían los muros, el corazón dilataba toda su fuerza
en el azar de una fiesta a la entrada de la colmena.
Lentas apariciones de la abeja y su deseo,
su vértigo de vida en la parte más delicada de la hoja.
Y no había ímpetu para detener su vuelo,
el aguijón se aproximaba al dolor de la bestia
y su triste condición de herida.

Yo era esa marca intolerable,
la ramificación del lecho, la piedad del escorpión
y su lento círculo de fuego. Tuve delante mío
el huerto habitual de las falsas delicias
con su barda sentenciosa para espantar a las plagas.
La succión en el margen abría la posibilidad a otros filamentos,
raíces disgregadas en el suplicio quemante de la palabra.
Todo descenso fue llegar a la lengua

Now, when the eyes are filled with fear
and smoke disperses the birds of air,
the breath is increasingly closer to earth,
and has the weight of an incomplete work
disapproved by the fables of another place.

An insect plastered to the glass, to the configuration of being
and its memories.
Sad news. The South wind roars in the North.
Crustaceans on the tip of the tongue.
Remote seas that anoint their foam in new biographies.
Situations where the skin is embedded
in the shell of a bivalve
until it changes the soft sermon of its syllables.
It was in spring.
The leaves enjoyed the earth in a precise language.
Everything was less dense when the voice,
with its offering of lime and fear, became thicker.
Walls gave way, the heart opened full force at a random
party at the entrance of the hive.
Slow apparitions of the bee and its desire,
its life vertiginous in the most delicate part of the leaf.
And there was no force to stop its flight,
the sting was approaching the pain of the beast
and its sadly wounded existence.

I was that intolerable mark,
the branching of the bedding, the piety of the scorpion
and its slow circle of fire. I had in front of me
the usual garden of false delights
with its judgmental fence to ward off pests.
Suction at the edge opened the possibility of other threads,
roots scattered in the burning torture of the word.
All descent was to reach the tongue

que imagina y patea el crisol de la larva. Bellas costumbres.
Todo era ajeno en el polvo y la profusión
de aquella ciudad que empezaba a emplumar
otra beligerancia, la sorpresa mordaz como un tajo,
el corte de cada segundo y los segundos negados
palpitando en su ajuste de eco y de nuevo silencio.
Todo como una herida capilar y la congestión de su órgano
dilatado en el flujo de los pequeños fermentos,
en la transformación de sus calles,
de sus rampas de sobrevida, de sobresueño, de sobremuerte.

Otro era el tiempo en el verbo debajo y sus zonas distintas.
Zonas del corazón abiertas a la higuera
y sus frescos frutos para la consolación más profunda.
Zonas que dejan palmas depuestas a la orilla de un punto
como si fuera un silbido casual que anuncia lo que no es,
lo que no está,
en la fragua de la lengua en un tiempo imperfecto.

Corredores para los lobos,
tiempo de sal junto a los niños.

Alguien camina entre las ruinas de una ciudad perdida
y en su dulce oscuridad determina el sitio,
la nueva oración donde estalla el olvido. Auscultaciones.
Partes caídas de la lengua en otro territorio,
en el canto abierto de la flor por la mañana
junto a las plumas del búho.
Verdes oscilaciones de la luz ante los ojos.
Descripciones.
Era más fácil morir que dejar el tiempo
en el cucharón de Homero.

that imagines and kicks the crucible of the larva. Beautiful traditions.
Everything was alien in the dust and profusion
of that city that began to adorn another belligerence
with feathers, the mordant surprise like a slice,
the cutting of each second and the seconds refused,
palpitating in its adjustment of echo and new silence.
Everything like a capillary wound and the congestion of its organ
delayed in the stream of its small ferments,
in the transformation of its streets,
its ramps of overliving, oversleeping and overdying.

Another was the time in the underlying verb and its different zones.
Zones of the heart open to the fig tree
and its fresh fruits for the deepest consolation.
Zones that leave palms deposed at the border of a moment
as if it were a casual whistle announcing what is not always
and what is not here,
in the forge of language, at an imperfect time.

Corridors for the wolves,
a time of salt alongside the children.

Someone walks among the ruins of a lost city
and in its sweet darkness determines the site,
the new sentence where oblivion explodes. Auscultations.
Fallen parts from the language of another territory,
in the open song of the flower in the morning
near the owl's feathers.
Green oscillations of the light before your eyes.
Descriptions.
It was easier to die than to leave time
in Homer's ladle.

Caminábamos por una sola calle,
una muestra de lo que fue transido
murmurando otros vértigos, una parte de la piedad
en templos caídos de nosotros, incitando
el blanco de las piedras, su frágil fatiga
que aún se esculpe en cada rostro borrado,
en cada ráfaga de un infinito que jamás comienza.
Cada lado de vida en una casa, cada separación
del grito en la orfebrería de lajas instituidas
en otros huecos, monumentos sin paz ni testimonio
en ceremonias idiotas para salvar el ojo.
El ojo y su razón atroz y sin futuro.
Canales en las raíces de un árbol y ahí,
como si fuera el pergamino hace tiempo buscado,
la precisión de la Virgen y su razón de mundo.
Mundo en los ojos.
Mundo en las manos y en las piernas.
Las piernas abiertas para la lenta dilatación de la que sangra.

Hablo de la que fui.
La que hizo del texto su figuración de vida.
La que un día vio las duras dunas de la sal como escenario
posible e inmediato, como orilla de otra realidad,
donde se escribe y se dice lo contrario, palabras inasibles,
curiosas, olvidadas, pudriéndose en eso que no soy, que
 [no fui,
que no quiero llegar a ser. Ser sin movimiento.
Pero todo esto no es si no una hoja imaginaria,
un momento que no existe, un hilo de vida inventado
entre la tinta y el papel, entre mis ojos y lo que miro, frágil
palabra convocada a la mesa de nadie, al asilo del animal
sediento que se oculta en mis letras, en cada uno de mis acentos.
Golpeteos de la máquina y su fino bordado en el papel.

We walked along a single street,
a sample of what was tormented,
murmuring other vertigos, a portion of the mercy
of the temples that fall off from us, inciting
the whiteness of the stones, their fragile fatigue
that is still sculpted in every erased face,
in each gust of an infinity that never begins.
Each side of life in a house, each separation
of the cry in the silversmithing of the slabs established
in other hollows, monuments without peace or testimony
in idiotic ceremonies to save the eye.
The eye and its atrocious reason, without a future.
Channels in the roots of a tree and there,
as if it were the scroll long looked for,
the precision of the Virgin and her reason for the world.
World in the eyes.
World in hands and legs.
Legs open for the slow dilation of she who bleeds.

I'm talking about who I was.
The one who made the text her representation of life.
The one who one day saw the hard dunes of salt as a possible
scenario, immediate, like the edge of another reality,
where one writes and says the contrary, intangible,
curious, forgotten words, putrefying in that which I am not, that
[I was not,
and don't want to become. Being without movement.
But all of this is not an imaginary page,
a moment that does not exist, an invented thread of life
between ink and paper, between my eyes and what I see, fragile
words summoned at the table of no one, asylum of the thirsty animal
hidden in my lyrics, in each one of my accents.
Tapping of the machine and its fine embroidery on paper.

Seres que habitan la posibilidad de otra cosa,
un llegar a ser uno en la ausencia desprendida del verbo.

Llega la noche. Afilo mis lápices, abro los labios
para la irrupción total, definitiva, hasta perderme
fluente y bestial, desatándome, dando a mi yo invisible
su pasado de piedra y los tristes sucesos: un roce apenas,
un latido en el cuerpo, un margen que rebasó
todo acotamiento, el rastro húmedo donde advertí la huella
y su impulso más íntimo, la sustancia enlazada
a otros padecimientos, a los días y sus lentos minutos
de espera y espanto, a la oscura fijeza de un hogar astillado
con su índice de madreperla, de radiación fulgurante en su grano,
su marca de polvo y reverso, de viento reposado
donde no hay nadie ni nada tan sólo el asombro de un
noli me tángere, el "nadie me toque" del botánico.
Frutos abiertos a la desolación del día, al paladar
de la tierra dilecta y su noción de fuerza.
Sabores ajenos. Hálitos casi agrios, casi verdaderos,
en una conversación por teléfono.
El sol, ahora, resplandece en su justa distancia,
en el sopor de otros cuerpos que encausan la gracia
y la ablución de quien clama una vida distinta,
un lugar de paz en la ceremonia del sueño.
Rojos lineamientos entre las venas,
casas invadidas por el oro y su amuleto de vieja,
su larga sonrisa animal bajo una falda y sus nuevas promesas.

Latidos donde el amor se ramifica en un espejismo
de finas palabras que arden como la sangre seca.
La fuerza del puño embiste la piedad del que vive
y fortifica una señal sin reposo, un momento asediado.
Se extiende en una zona extrema.
El rostro es el vigía. Queda la edad marcada por las venas,

Creatures that inhabit the possibility of something else,
of becoming one in the generous absence of the verb.

The night arrives. I sharpen my pencils, open my lips
for the total definitive burst until I lose myself,
fluent and bestial, releasing myself, giving my invisible self
its past of stone and sad events, barely a touch,
a heartbeat in the body, a margin that exceeded
all the boundaries, the moist trail where I perceived the footprint
and its most intimate impulse, the substance tied
to other ailments, to the days and their slow minutes
of waiting and terror, to the dark stillness of a splintered home
with its index of pearl, of stunning radiation in its grain,
its mark of dust and its reverse, of a calm breeze
where there is nothing or no one, just the amazement of a
noli me tangere, the "don't touch me" of the botanist.
Fruit open to the desolation of day, to the taste
of the beloved earth and its notion of strength.
Foreign tastes. Breaths almost sour, almost true,
in a conversation over the phone.
The sun now shines at its appropriate distance,
in the torpor of other bodies that prosecute grace
and the ablution of those calling for a different life,
a place of peace in the ceremony of the dream.
Red guidelines between the veins,
homes invaded by gold and their old lady's amulet,
their long animal smile under a skirt and new promises.

Heartbeats where love branches out in a mirage
of fine words that burn like dry blood.
The force of the fist strikes the piety of those who live
and fortifies a restless signal, a siege-moment.
It extends in an extreme zone.
The face is the watchman. Marked by veins, the age remains,

la espesura que se despliega como un viento
por toda la casa y sus silbidos, sus comunicaciones de vértigo
que sostienen un tiempo nuevo. Auroras lejanas.
Sábanas en la transparencia de un músculo
y su triste apariencia de vida.
Un rostro es siempre esa multitud de palabras
que enmarca la ebriedad de la muerte. Y del día.
Serenidad. Tiempo que ahonda en las grupas
y flota como un deseo perdido.
Exclamaciones que arden en la melodía que invoca un ciego.
Ciego de qué o de quién.
Risas inmemoriales sobre lo dicho en la aurora.

Cruzamientos.
Vasijas donde la sed es el anuncio
de un tiempo feliz y monocorde,
una serenidad buscada como si fuera
el bosque de un mendigo,
la selva celeste y sin remordimientos
para el paso de un triste caballo
en el fulgor de un corazón que exalta
una vida sin pausas, en lentos capítulos,
donde no hay ebriedad ni relámpagos.
Texto derramado. Texto en el cuerpo.
Cuerpos que se abren a la dilatación de otro tiempo.
Situaciones donde la fe se une a la piel
e instila en su hueco, en la parte ventral del sueño,
su palabra de sed palpitando en mis muslos
a la espera de una renuncia acordada,
un río aciago que confine su suave rumor
para decir que está, que es, que llega
con su vasta similitud ahogándome,
queriendo inventarme entre sus dientes y su lengua,

the thicket that unfolds like a wind
around the house and its whistling, its communication of vertigo
that holds a new time. Distant dawns.
Sheets in the transparency of a muscle
and its sad appearance of life.
A face is always that crowd of words
framed by the drunkenness of death. And of the day.
Serenity. Time that dwells on its haunches
and floats like a lost desire.
Exclamations that burn in the melody that a blind man invokes.
Blindness of what or whom.
Immemorial laughter about what was said at dawn.

Crossings.
Vessels where thirst is the announcement
of a happy and monotone time,
serenity looked for
like a beggar looks for a forest,
the celestial jungle without remorse
for the passing of a sad horse
in the glare of a heart that celebrates
a life without pauses, in slow chapters,
where there's no drunkenness or thunder.
Spilled text. Text in the body.
Bodies that open to the expansion of another time.
Situations where faith meets skin
and instills in its hollows, in the ventral part of the dream,
its thirsty word throbbing in my thighs
awaiting an agreed-upon renunciation,
an ill-fated river to confine its gentle whisper
to tell it is there, it is always, it is arriving,
with its vast similitude drowning me,
wanting to invent me between its teeth and tongue,

a un paso de lo que fue, de lo que hará desmenuzarnos
en la lenta combustión de lo posible.

Hablo para decir mis ojos. Rayas
desdibujadas en la flama que se demora en mi pecho
desde un idioma que comienza. Volver a decir las letras,
alfabetos de sal raídos en los huesos. Soles
que arden en la otra orilla, sustanciales rastrojos,
supuraciones. Todo mi cuerpo es texto,
vida que sale abierta en los renglones dichos.
Nombro lo que no alcanzo,
lo que tuve de mí en mi áspera piel
como quemante hoja en la judicatura del viento.
Nada sirvió de lo que amé.
Ni la rotura que abrió los labios hacia otras guarniciones,
ni el cordaje del cíclope en el vendaval oculto, el privilegio
de haber besado unas manos en las manos del hurto,
la dimensión exacta de otras arterias
fervientes y desvalidas donde fluyó aquello
que del mar fue seducción y fuerza, lugar y casa,
vida marcada en la primera apostasía de la infancia.

Cuánto de piedra gris queda en silencio
con su paño lodoso y su fuego que arde en los poros.
Cuánto se excede el tiempo
en su propia utopía desvencijada
como un limo en la profundidad de la palabra.
Lo que toqué en la aurora fue decir la vida suave,
la dulce forma de lo que no se reconoce
donde claudica una lengua lejana y apartada.

Hube de mí dejado la última fila,
el sitio invariable a la verdad
y su severa condición de pertenencia.

at an arm's length from what was, of what will make us shred
ourselves in a slow combustion of what is possible.

I speak to say my eyes. Blurred
stripes in the flame delaying in my chest
from a language just beginning. To say again
ragged alphabets of salt in the bones. Suns
that burn on the other shore, essential stubble,
suppurations. All of my body is text,
life that comes out openly in the spoken lines.
I name what I cannot reach,
what I had of me in my rough skin
like a burning blade in the trials of the wind.
Nothing of what I loved functioned.
Not the crack that opened its lips to other harnesses,
not the ropes binding the Cyclops in the hidden gale, the privilege
of having kissed those hands in the hands of the theft,
the exact dimension of other
fervent and helpless arteries, where that portion of the sea
that was seduction and strength, place and home, flowed,
a life marked by the first apostasy of infancy.

How much grey stone remains in silence
with its muddy cloth and its fire that burns in the pores.
How much does time exceed
in its own dilapidated utopia
like mud in the depths of the word.
What I touched in the dawn was the telling of a soft life,
sweet form of what is not recognized
where a language, distant and isolated, surrenders.

Once I had left the last line,
the place of invariable truth,
and its severe circumstance of belonging.

Otros momentos como un teatro elegido
recién fundado en el cielo de una tribu
y la súbita ausencia de su paso. Algo
quedó perdido en el espejo donde una emoción
se vio temblando en el primer párpado y en el segundo
cuando el pez tuvo otra vida en el resplandor del agua.

Digo la sed desde mis labios.
Tiempo diluido en los límites de quien no canta.
Tiempo que se recupera en la noción de un verbo,
de un pasar anterior a lo dicho,
a la espera del roce y su paso de mano,
su fluir por el cuerpo.
El cuerpo y sus reconocimientos,
la parte recuperada en un trazo, una pequeña noción
de lo que se es en una ciudad habitada por agua.
Todo el subsuelo de lo que se piensa
se vive de cierta manera,
se fluye.

Cuerpo restringido
habitado en las púas del silencio,
construcciones del hielo y sus finos prismas de ablución,
catedrales de filigrana y luz donde un vitral señala
                              [lo incierto,
lo que jamás estará o podrá suceder. Formas del ser
sin punta, sin el vértice de una línea recta.

El cuerpo equivocado.
La casa errónea y el tiempo perdido y seco
abierto a otros confines. El aire ahora
es un aire ausente. Pierdo la complexión.
Mis brazos me recuerdan un mar grave
y servil, un poco de tinta adentro del bolígrafo.

At other times like a chosen theater
newly founded in the sky of a tribe
and the sudden absence of its step. Something
was lost in the mirror where an emotion
saw itself trembling in the first blink and in the second
when the fish took another life in the splendor of water.

I tell thirst from my lips.
Time diluted at the limits of those who do not sing.
Time recovered in the notion of a verb,
a passing before what is said,
waiting for the silent touch and its hand movements,
its flow over the body.
The body and its acknowledgements,
the recovered part in one stroke, a small notion
of what one is in a city populated by water.
All the subsoil of what is thought
is lived in certain way,
it flows.

Restricted body
inhabited in the spikes of the silence,
constructions of ice and its fine prisms of ablution,
cathedrals of filigree and light where a stained glass points to
                                                        [the uncertain,
to what will never be there or could happen. Forms
of the blunt being, without the angle of a straight line.

The wrong body.
The wrong house and time lost and dry
open to other ends. The air is now
an absent air. I lose my complexion.
My arms remind me of a sea, servile
and grave, a bit of ink inside the pen.

Todo es duda como la quietud del agua.
De nuevo llega el perro junto a la soledad de mi piel.
Morirá pronto y las hormigas harán de él
otro festín. Cruces en lineamiento.
Manchas oscuras en el mantel.
La página es significado, tiempo roto,
como las limaduras del árbol.
El hambre escapa de mi boca,
animal de mí, pocilga de un fracaso.
No hay desafío ya si la noche es una con mi cuerpo.

El tiempo erróneo en esa niña parada en el sitio
equivocado, en la esquina rota de sus rotos años
como un peñasco de acentos ilegibles,
de canales abiertos a la determinación del instante
y sus fisuras de espanto e ilusión de polvo,
a la atadura más simple en la rama más baja de ese árbol
donde no hay otra cosa que mostrar que el simulacro,
la parte abierta de la piel y sus cartílagos,
su abierta maravilla en el decir, en el construir
detrás de la lengua la nueva trampa en el nuevo mundo
contra el día y su fuerza renovada.
Ahora ¿quién va a parir?

La retirada. El tiempo cae de una mano a la otra
entre la suavidad de las lágrimas.
Limpias planicies en las glándulas,
cuerpos en otros cuerpos que se desbaratan de lejos.
El aire roe la casa con sus negras alas
y su aparición de mil noches caídas en mil labios
y su festín de tierra y paraíso, su nuevo anuncio de la verdad,
su trote abierto al desarraigo, a una pasión constelada
como la voz del abismo, la voz que vira siempre
hacia otra realidad incierta y plena

Everything is doubt like the stillness of water.
Again the dog trots alongside the loneliness of my skin.
Soon he will die and the ants will make another
feast of him. Crosses in alignment.
Dark spots on the tablecloth.
The page is meaning, time broken,
like the scrapings of the tree.
Hunger escapes from my mouth,
animal that I am, pigsty of a failure.
There is no longer a challenge if my body is one with the night.

The wrong time for that girl standing on the wrong place,
on the broken corner of her broken years
like a cliff of illegible accents,
of channels open to the moment's determination
and its fissures of fear and illusion of powder,
to the simplest tie on the lower branch of that tree
where there is nothing to show but the simulation,
the open part of the skin and its cartilage,
its open wonder in saying, in building
behind the tongue the new trap in the new world
against the day and its renewed strength.
Now who will give birth?

Retreat. Time falls from one hand to another
between the softness of tears.
Clean plains in the glands,
bodies in other bodies that fall apart from afar.
The air gnaws at the house with its black wings
and its apparition of a thousand fallen nights fallen on a thousand lips
and its feast of paradise and earth, its new announcement of truth,
its trot open to the uprooting, to a starry passion
like the voice of the abyss, the voice that always turns
toward another reality, full and uncertain,

pero que logra avivar su llama
como la lámpara más cierta en este mundo.
¿Quién sangra?

Quiero tocar el Mármara. Meter la mano
hasta lo más profundo, decir cada una de sus letras
y que chorreen de mí como una oscura baba.
Quiero decir una y otra vez su nombre
abrir la boca y supurar la herida
que aún no termina de formarse como una luz
en la ventana, un apenas brillo en lo más lejos
de nosotros al rayar el alba. Mar
en su noche harto de otra retórica, pastizal
donde hubimos visto la hora y su paciencia de sierva,
la plenitud de la orilla sostenida en las manos,
el centauro obligado a la forma de la pregunta,
al testimonio que se recibe horizontal en el cuerpo
desgajándose entre las venas exactas
únicas y violentas, muriéndose en lo solo y profundo
como una invasión de palabras escritas.
Todo lo que yo fui queda enlazado en el vidrio,
en la parte de luz y coto, el exacto fluir del instante
inaudito e insólito que transita en las moléculas
del cristal. Y desde ahí mi mano y sus indicios
de ser, de criatura única de mí o más allá de mí
como una frase construida en el silencio, mi mano
que palpa lo que resiste, lo que se estampa y trasmina,
lo que permite decir: estoy aquí y desde aquí te amo
una vez y otra como la ínfima exhumación de la ola.
Palpa, también, lo que se ajusta a la llegada, al umbral
donde se extienden eléctricas las letras, el decir
en la lengua, en la calle de antes, en el tiempo de ahora.
Todo suscrito a los nuevos huecos de la piel,
a las frases incorporadas en el cuello o los tobillos,

but manages to whip up its flame
like the most certain lamp in this world.
Who bleeds?

I want to touch the Marmara. Put my hand
into the depths, spell each of its letters
and have them drip from me like dark saliva.
I want to say its name over and over again,
open my mouth and suppurate the wound
that still fails to form itself like a light
in the window, barely shines, the furthest
from us at the break of day. Sea
in the night fed up with other rhetoric, pasture
where we had seen the hour and its servile patience,
the plenitude of the shore held by the hands,
the Centaur forced into the shape of the question,
to the testimony received horizontally in the body,
torn among exact veins
unique and violent, dying in loneliness and depth
like an invasion of written words.
Everything that I was remains bound in the glass
on the side of light and limited space, the exact flow of the instant,
rare and unheard of, that passes through the molecules
of the crystal. And from there, my hand and its attempts
at being, its traces of unique creature of mine or beyond me
like a phrase built in the silence, my hand that feels
what resists, what is stamped and seeps through,
what allows one to say: I am here and from here I love you
again and again like the minute exhumation of the wave.
Feeling, too, what conforms to the arrival, to the threshold
where the letters extend, electric, the saying
on the tongue, in the street of before, at the time of now.
All subscribed to the new interstices of skin,
to sentences incorporated in the neck or ankles,

a los pedazos de página caídos de mis labios
abiertos a la sed, a la lengua que transpira golosa
y sucesiva en las secas vetas del cristal.
Mi lengua de mí que cae y se derrama,
se oculta y sostiene jugosa la sutura del alba,
mi lengua de pez en el cielo del cuerpo desdoblada,
mi lengua incontrolable y seducida, ventral
en el silencio, en el "un-dos-tres por mí" y el escondite
de espanto, el no querer ver ni decir, ni siquiera escuchar
lugares poblados de esfínteres y sonidos,
de tibios cuerpos recordados
en el límite de otros miedos, otros
pensamientos, otras figuraciones caídas
en otros espejos. Toda mi lengua sobreviviente
y casual, moridora y falaz en la zona que incendia,
en la parte que abraza abundante y rotunda
¿la ves? Es la mancha y el polvo, el azogue y el grano,
la fruición y el vestigio, el simulacro de quién
en las afueras de nada, en el principio de nadie,
en el temblor inabordable de alguien.

Ploc-ploc-ploc. Llega el anuncio: una ciudad
es una boca abierta, un hilo que sutura el verbo
adentro de los cuerpos. Todo penetra.
Desde la claridad de un tiempo ido como si fuera
una función simple y acertada, una membrana
para sobrevivir en el hueco, un dibujo en los poros,
un ir hacia la sombra para gritar: abrázame
en sólo un punto, bésame para poder hablar
desde el papel como si fueran los genitales
del olvido, los pies de nuevas cartografías,
los ojos seducidos en la tinta y sus senderos
evocados por la letra. Fui texto.

to the pieces of paper fallen from my lips
open to thirst, to the tongue exuding, with a sweet tooth
and consecutive in the dried veins of glass.
My language that falls off and spills,
conceals itself and holds succulent the suture of dawn,
my tongue of fish unfolded in the heaven of the body,
seduced and uncontrollable, ventral
in the silence, in the "one, two, three, ready or not here I come", and
the hiding place of horror, avoiding sight, saying, and even listening,
places populated by sphincters and sounds,
by warm bodies remembered
at the edge of other fears, other
thoughts, other fallen imaginations
in other mirrors. All my surviving language
and casual, tenacious, and deceitful in the fiery zone,
in the part that embraces generously and emphatically.
Do you see it? It is stain and dust, grain and quicksilver,
the delight and the vestige, the likeness of whom
in the outskirts of nothing, in the beginning of no one,
in the inaccessible trembling of someone.

Drip-drip-drip. Comes the announcement: a city
is an open mouth, a thread that sutures the verb
inside the bodies. Everything penetrates.
From the clarity of a time gone, as if it were
a simple and accurate task, a membrane
to survive in the hollows, a drawing in the pores,
a going toward the shadow in order to cry: hold me
in only one place, kiss me to be able to speak
from the paper as if they were the genitals
of oblivion, the feet of new cartographies,
the seduced eyes in the ink and its pathways
evoked by the letter. I was text.

Soy texto y muero en las orejas del silencio
entre las uñas de un renglón apócrifo,
un renglón insólito, un vaso para beber el tiempo,
ese tiempo escrito desde antes en una distancia
que no existe, que no está, pero que hizo de mí
lo que hubo. Volver. Volver a decirlo todo.
Volver a escribir desde la grieta.
Volver atrás multiplicándome,
extendiéndome por calles y bulevares,
por hojas que invento en la madreselva,
en la madreperla de mi ser y su mar que se lee
desde mí descuartizadamente, renovadoramente,
en lo que no está y no fue, jamás estuvo: Arcadia.

I am text and I die in the ears of silence
between the fingernails of an apocryphal line,
a rare line, a glass for drinking time,
that time written from before at a distance
that doesn't exist, that is not there, but made me
what there was. To come back. Come back to tell it all.
Come back to write from the crack.
Come back to multiplying myself,
extending myself on the streets and boulevards,
through leaves I invent in the honeysuckle,
in the pearl of my being and its sea that is read
from me, dismemberedly, newly
in what is not there, and was not, never was: Arcadia.

Víbora

Viper

I

Y dije *víbora* y me vi desenroscada, cardial y única,
carnavalesca y dicha, más viva por el árbol simple
de la lengua, más pronta entre los gestos de cuanta sangre

salida de mis ojos en un punto de-qué-cosa, en la raíz
certera de cuánto-se-hace-uno en ese tiempo solo
en que se inscribe el miedo entre los pliegues de la dermis.

Y luego, la carne fija en tinta, me aglutiné imaginada a ser
lo que yo soy en esa realidad entre la hierba concebida
en demasiada sombra, en demasiada hambre

buscando el grito sin remedio, los labios ya muy juntos
donde hay lo que se exalta y se repite, se enrolla en sí
cambiando siempre en la natura para decir: soy lengua.

Fui lengua en otra escala resquebrajada y dulce
para ser goce de boca, placer del habla que fulgura:
dije *víbora* y fui amplia, opulenta, pájara cierta

desnuda al cielo, niebla labializada y dicha: vuelta
a decir niña en el animal de sombra, en el espacio oscuro
en ese grito escrito donde se lee de lleno: *poema*.

I

And I said *viper* and saw myself uncoiled, cardial and unique,
carnivalesque and spoken, more vivid by means of the simple
tree of language, first among the gestures of all that blood

gone from my eyes toward a point of-what-other, with the unerring
root of how-one-is-made at that time lonely
when fear is inscribed among the folds of the skin.

And then, my flesh fixed in ink, congealed, I imagined
what I am, in that reality among the weeds
conceived in too much shade, too much hunger

hopelessly seeking the cry, my lips already pressed together
where what is repeated and exalted wraps itself in yes,
always changing in nature in order to say: I am language.

I was language on another cracked scale and sweet
enjoyed in the mouth, a pleasure of speech that shines:
I said *viper* and I was ample, opulent, a certain female bird

naked before the sky, fog turned into lips and said: again
to say girl in the animal's shadow, in the dark space
in that cry written where it's read in fullness: *poem*.

II

Sangre en la vena cava. No soporta los hurtos.
Sangre venosa en la parte anterior, rápida en el tropel
en esa deglución de una palabra incierta en otra y otra...

o en esa parte blanda donde se bebe el desamparo
de una idea que nos contiene a todos, nos dilata
y subyuga ante el silencio de una figura indivisible:

el verbo, el verbo puro. El corazón se sacia, vence
los sueños máteres bajo el cristal de los colmillos
como un sol oscuro y húmedo lleno de nada y tiempo. Tiempo

que descoagula, se extiende más allá de aquellos páramos,
se deshabita y se enturbia en la cabeza. Beben sus labios
ávidos de otros números, decantaciones, profecías en el agua:

como una nube densa te formaste barroca y resurgida,
tu nombre caído en el galope de lo más fácil como insistencia,
el arrepentimiento corrompido en tu sintaxis. Las nervaduras

generan género y distancia, son parte de otro idioma, umbral
de acentos y de sílabas donde respinga esta otra ira innata
que esplende una nueva fornicación entre tus páginas.

II

Blood in the vena cava. It can't endure the thefts.
Venous blood in the anterior part, speeding in droves
in that swallowing of an uncertain word in one and another. . .

or in that soft part where you drink the abandonment
of an idea that contains all of us, dilates and
subjugates us before the silence of an indivisible figure:

the verb, the pure verb. The heart is quenched, defeats
maternal dreams beneath the crystalline fangs
like a dark and humid sun full of nothing and time. Time

that uncoagulates, spreading far beyond those wastelands,
uninhabited and muddled in the head. They drink their lips
avid for other numbers, decantings, prophecies in water:

like a dense cloud you were created, baroque and resurgent,
your name fallen in the gallop of what's easier like insistence,
the repentance corrupted in your syntax. The nervations

generate gender and distance, are part of another idiom, threshold
of accents and syllables where this other innate anger arises
that shines a new fornication between your pages.

III

Poema el mundo hasta volverse único, pervivo
bajo el idioma en tiempo, protuberante y acertado
junto a los logros dónde, cuando se mezcla ahora

y si se avanza en madres, madres que se deslíen
y hablan susurrantes y salivosas, más vivas todas
entre los troncos de una idea violentada.

Trechos enmascarados por oros musgos, maderas
rotas, cerraduras de tantos los cielos secos
aferrados en esa piel turbia y escrita.

¿Hasta dónde lo que se ve se escucha
como un aullido (sácalo) casi en lo lejos (pronto),
casi deseado (dilo) como una felicidad que irradia?

Lo que no está es sólo un vaho en síntesis
profano y dicho, pensado en éter para la rana muerta
como si fuera una argamasa próxima a qué sitios

y dónde se purifica el todo en el consuelo hueco
de siempre entre tus partes sombras de ser animal
sitiado por otro animal aquí en el miedo de mi boca.

III

Poem of the world until it becomes unique, I survive
below the language in time, bulging and successful
together with achievements where, when mixed now

and if progress is made on mothers, fading mothers
who speak in whispers and saliva, everything's more alive
between the limbs of a violated idea.

Distances masked by mossy gold, split
timber, the locks of so many dry heavens
clinging to that cloudy and written skin.

Until where what you see is heard as a howl
(take it out) almost far away (quickly), almost
desired (say it!) like a radiating happiness?

Whatever is not is only a breath in synthesis,
profane and spoken, thought in ether for a dead frog,
as if it were a plaster statue adjacent to such sites

and where everything is purified in the hollow consolation
of always between your segments of shadow being an animal
besieged by another animal here in the fear of my mouth.

IV

Chúpame lenta, enclava tus sílabas y canta.
Cántame. Sé de mí círculo y abandono. Idea.
Destello del sol en mi cabeza. Áurea de mí,

centrada y siempre verdadera. Mítica gorgona,
esculpe tu lengua bífida por mis curvas
y entroniza todo lo conocido que enamora.

Unta el amor en tu hálito. Solloza.
Deja que escriba yo sin miedo ni pánico,
que me descuelgue más allá de la rama más larga

y que escuche tu sintaxis primera, tu sueño
tan amoroso de bala en el monte enterrada,
ínflame al viento jugueteando en mi nombre

hasta preñarme tanta, como una idea vasta
y redonda, una sola que me cubra
y denuncie la luz ya separada de la esfera.

Entonces digo: cuánta la sangre misma
por mi cuerpo, cuánto el misterio que respira
en capas y capas de palabras: escribo.

IV

Suck me slowly, interlock your syllables and sing.
Sing me. Be part of mycircle and abandonment. Idea.
Flash of the sun in my head. Golden in me,

focused and always true. Mythical gorgon,
sculpt your forked tongue along my curves
and enthrone all that's known that loves.

Spread the love in your breath. Weep.
Let me write without fear or panic,
so that I am pulled beyond the longest branch

and listen to your first syntax, your dream
so amorous of a bullet interred in the mountain,
inflate me in the wind playing in my name

until you make me so pregnant, like a vast
and round idea, only one to cover me
and denounce the light already separated from the sphere.

Then I say: how much of the same blood
in my body, how great the mystery that breathes
in layers and layers of words: I write.

V

Hay hijos viejos alcanzados ya por otros vértigos.
Ángeles sin espejos, nadies que buscan la miseria
de un canto, el hambre de una hipótesis innecesaria.

Nada sirve, todo es saber morir entre las líneas ávidas
de una primicia bífida ::
Guardo a una niña ancestral en mi cama. Me pica.

Filamentos entre sus ojos donde respira un río invisible
en un gesto. Uno solo. Uno como un lento murmullo
que envenena. Ahora, su lengua clama por nuevos paraísos.

Extremos de un mundo donde los perros pierden
su hueso de noche. Fue noche cuando se escucharon
cuchicheos de hombres sordos en los pasillos.

Ya no hay poema. Todo se va poniendo sobre ladrillos,
entre las uñas de los muertos. Cantos junto a la piedra,
el botón de fuego de un mex-mex auténtico. Y basta.

Todo es suficiente en el paladar anónimo. Y no hay extremos.
Sólo una brisa como un heraldo de madre abierta, madre cd,
madre poema, novicia fornicadora, víbora desterrada, mía:

v

There are old children already touched by other vertigos.
Angels without mirrors, nobodies who seek the misery
of a song, the hunger for an unnecessary theory.

Nothing serves, all is about knowing how to die between the avid lines
of a first branching ::
I keep an ancestral child in my bed. She bites me.

Filaments between her eyes where an invisible river breathes
in a gesture. Only one. One like a slow whisper
that poisons. Now, its tongue cries for new paradises.

Extremes of a world where the dogs lose
their bone of night. It was night when we heard
the whispers of deaf men in the corridors.

There's no poem anymore. Everything's being placed on the bricks
among the nails of the dead. Songs next to the stone,
the button of fire of an authentic mex-mex. And that's it.

Everything pleases the anonymous palate. And there are no endings.
Only a breeze like a herald of the open mother, mother CD
mother poem, sexual novice, exiled viper, mine:

VI

Mátala, exprímela, sácale todo el jugo.
Deja que no se arrastre en la conciencia.
Chupa su luz de viento, escúrrela. Dile adverbio,

verbo, sintaxis trunca, vieja acabada: majadera.
Piérdela al filo de su figura. Detenla.
Dile que ya no hay savia, ni jugo, ni letra.

Una gruta es su lengua, un recipiente abierto.
Su sed es tierra. Su ausencia. Sombra su corazón,
cáscara, sutura de la tierra seca. No tiene orejas,

pero escucha, escucha bajo las piedras lisas
escondida junto a un pubis sin sexo. Ranura sin espera
ni hijas, gajo de gesto húmedo, la víbora

es pensamiento, razón endurecida, hueco de un dios
áspero y pardo, falible y poroso, chacharero,
muela en el llano, padre, padre, dije *padre*

vine a decirte lo que me dijo madre que te dijera
entonces, todo se dice cuando claudica el tiempo,
silba en su redoble y se enclava en la garganta.

VI

Kill her, milk her, take out all the juice.
Don't let her slither into consciousness.
Suck her wind's light, drain it. Call her adverb,

verb, truncated syntax, ancient alphabet: foul-mouthed.
Lose her at the edge of her figure. Stop her.
Tell her there is no sap, nor juice, nor letter.

A cavern is her language, an open container.
Her thirst is the land. Her absence. Her heart is shadow,
shell, suture of the dry land. She has no ears,

but she listens, listens under the smooth stones
hidden next to a sexless pubis. Slit with neither hope
nor daughters, limb of moist gestures, the viper

is thought, hardened reason, hollow of a god
dark and bitter, fallible and porous, smooth talker,
mound on the flatland, father, father, I said *father*

I came to tell you what mother told me to tell you
then, everything is spoken when time falters,
it whistles in its drumroll and lodges in its throat.

Afterword to Arcadia

Paul Hoover

The poetry of María Baranda is distinct for its size, scope, and intensity, as well as the depths of consciousness she explores. For this reason, she doesn't write lyrics of a single page designed to evoke a sigh, bur rather works of epic scale. As we see in *Arcadia*, the sweep of her work includes Góngora and Sor Juana, with the expansiveness of Whitman and universal concerns, but it is also personal, when the fourth wall falls and we witness the thoughts of a writer writing. The "I" of the poems is Baranda herself issuing, not a final statement, but a cry of what Charles Simic called "A certain uncertainty." For instance: "All of eternity at three in the afternoon. / The world in a fixed point, at an exact minute, / in the corner revealed by the light of dreams." We feel we are being swept away by a wave of language, and language itself is a ongoing theme: "Body at three in the afternoon falling off my face, worn mask / in the syllables dripping, random and capitoline." Most likely, she is herself the "girl figured in the verb / in the running blood at the outskirts of something."

German literary theory has used the word *Energie* as a feature of its poetry. It's the constant push of language on one's consciousness, for the writer and reader, resulting, of course, in complete attention. Energy is especially compelling in Baranda's work, the now and again now immediacy of noun and verb. It's a special pleasure to attend her public readings of her work, with the fullness of expression embodied.

In poetry, there is a constant weave of the possible and the impossible; that is, by reality and imagination. Those expert in reality include William Carlos Williams, who savors the pleasures of the everyday, including "a red wheel barrow / glazed with rain water / beside the white chickens." It's the small moments of acute attention that matter. María Baranda, however, comes to us from a place beyond time, closer to mythology. It is a poetry of dreams, magic, astonishment, personal experience, and most of all, awakened language. She is firmly of the Earth, but the force of her imagination tests the limits of the impossible, the richest weave of all.

The critic José María Espinasa wrote of her work, up to and including *Nightmare Running on a Meadow of Absolute Light* (2013), "Her poems are a choral song in which voices of different levels—mythical, historical, personal—celebrate the existence of the world, the landscape and things, people and facts, without fear of the moment when that life hurts."

The book concludes with a second poem, "Víbora," which means viper. The cadence of the work is fierce and striking, the sentences sinuous: "Distances masked by mossy gold, split / timber, the locks of so many dry heavens / clinging to that cloudy and written skin." Even here, we are in Arcady, another word for paradise and rapture.

www.ingramcontent.com/pod-product-compliance
Lightning Source LLC
Chambersburg PA
CBHW051607170426
43196CB00038B/2958